Impressum
Verlag: BABADADA GmbH, Nedderfeld 112 , 22529 Hamburg
Geschäftsführer / Verlagsleitung: Harald Hof
Druck: Books on Demand GmbH, In de Tarpen 42, 22848 Norderstedt

Imprint
Publisher: BABADADA GmbH, Nedderfeld 112 , 22529 Hamburg, Germany
Managing Director / Publishing direction: Harald Hof
Print: Books on Demand GmbH, In de Tarpen 42, 22848 Norderstedt

colegio

kool

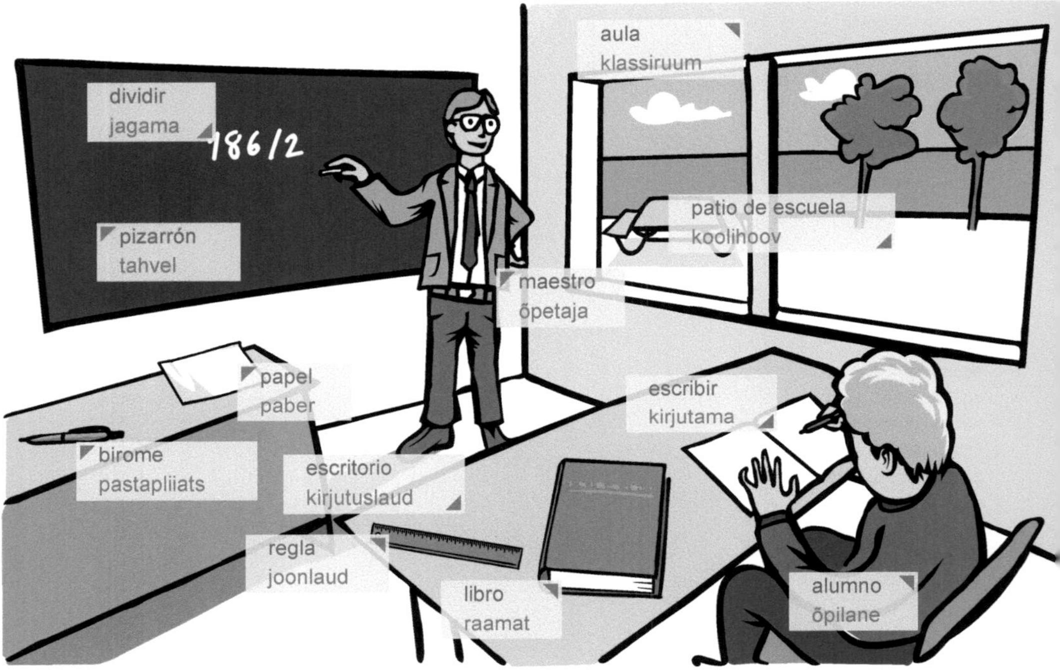
aula
klassiruum
dividir
jagama
186/2
pizarrón
tahvel
patio de escuela
koolihoov
maestro
õpetaja
papel
paber
escribir
kirjutama
birome
pastapliiats
escritorio
kirjutuslaud
regla
joonlaud
libro
raamat
alumno
õpilane

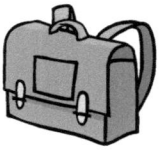

mochila
koolikott

caja de lápices
pinal

lápiz
harilik pliiats

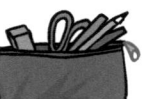

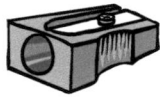

sacapuntas
pliiatsiteritaja

goma (de borrar)
kustukumm

bloc de dibujo
joonistusplokk

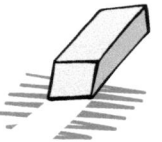

dibujo
joonistus

pincel
pintsel

caja de pinturas
värvikarp

tijera
käärid

pegamento
liim

cuaderno de ejercicios
töövihik

tarea
kodutöö

número
number

2+2

sumar
liitma

5-2

restar
lahutama

2×2

multiplicar
korrutama

calcular
arvutama

A

letra
täht

ABCDEFG
HIJKLMN
OPQRSTU
VWXYZ

abecedario
tähestik

palabra
sõna

texto
tekst

leer
lugema

tiza
kriit

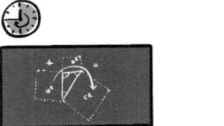

lección
koolitund

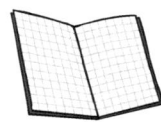

cuaderno de clase
klassipäevik

examen
eksam

certificado
tunnistus

uniforme escolar
koolivorm

educación
haridus

enciclopedia
entsüklopeedia

universidad
ülikool

microscopio
mikroskoop

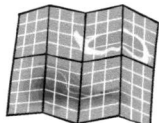

mapa
kaart

tacho (de basura)
paberikorv

viaje
reisimine

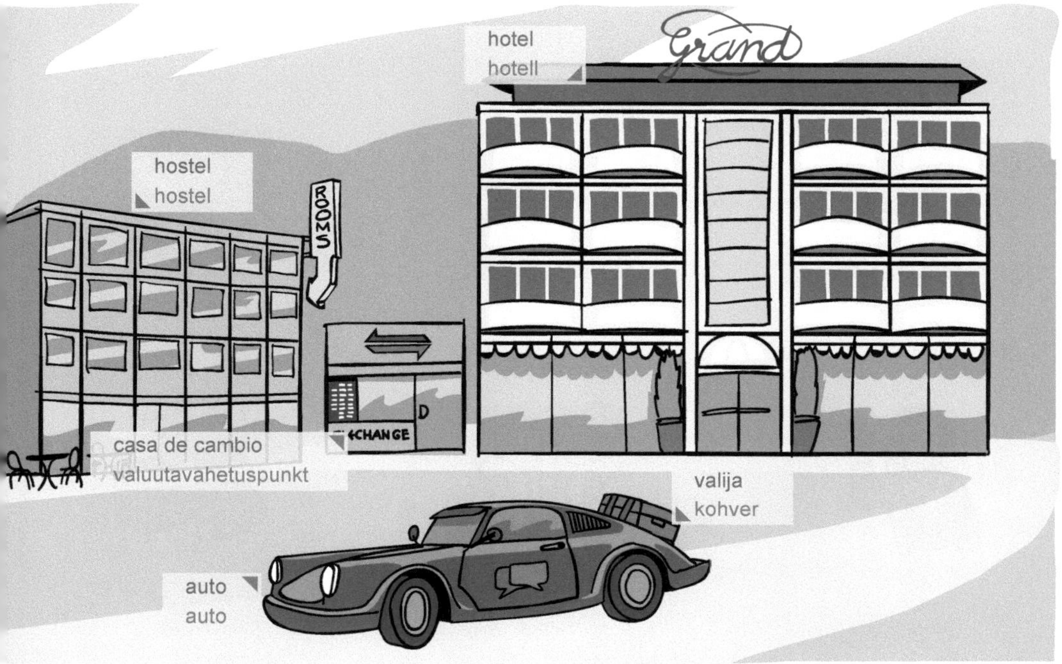

hotel
hotell
Grand
hostel
hostel
ROOMS
casa de cambio
valuutavahetuspunkt
EXCHANGE
valija
kohver
auto
auto

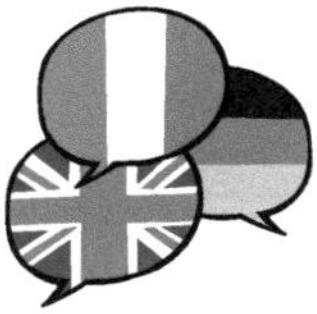

idioma

keel

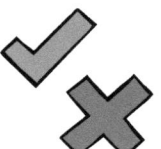

sí / no

jah / ei

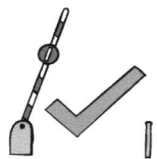

Está bien

okei

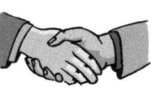

hola

Tere!

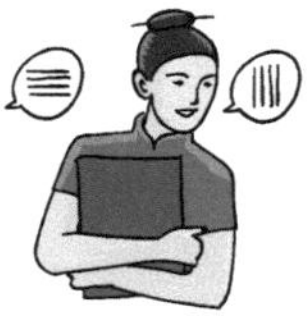

traductor

tõlk

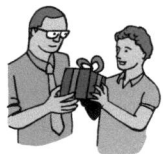

Gracias

Aitäh!

¿cuánto cuesta…?

Kui palju maksab …?

No entiendo

Ma ei saa aru

problema

probleem

¡Buenas tardes!

Tere õhtust!

¡Buenos días!

Tere hommikust!

¡Buenas noches!

Head ööd!

adiós

Head aega!

dirección

suund

equipaje

pagas

bolso

kott

mochila

seljakott

invitado

külaline

habitación

tuba

bolsa de dormir

magamiskott

carpa

telk

información turística

turismiinfo

playa

rand

tarjeta de crédito

krediitkaart

desayuno

hommikusöök

almuerzo

lõunasöök

cena

õhtusöök

pasaje

pilet

ascensor

lift

sello

postmark

frontera

riigipiir

aduana

toll

embajada

saatkond

visa

viisa

pasaporte

pass

transporte
transport

avión
lennuk

barco
laev

autobomba
tuletõrjeauto

colectivo
buss

camión
veoauto

lancha a motor
mootorpaat

bicicleta
jalgratas

auto
auto

ferry
praam

bote
paat

moto
mootorratas

patrullero
politseiauto

auto de carreras
võidusõiduauto

auto de alquiler
rendiauto

alquiler de autos

ühisauto

grúa

puksiirauto

camión de basura

prügiauto

motor

mootor

nafta

kütus

estación de servicio

tankla

señal de tránsito

liiklusmärk

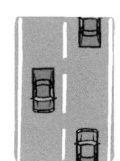

tránsito

liiklus

embotellamiento

liiklusummik

estacionamiento

parkla

estación de tren

raudteejaam

vías

rööpad

tren

rong

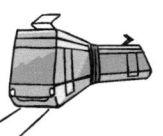

tranvía

tramm

vagón

vagun

helicóptero

helikopter

aeropuerto

lennujaam

torre

torn

pasajero

reisija

contenedor

konteiner

caja de cartón

pappkast

carretilla

käru

canasta

korv

despegar / aterrizar

õhku tõusma / maanduma

ciudad

linn

pueblo

küla

centro de ciudad

kesklinn

casa

maja

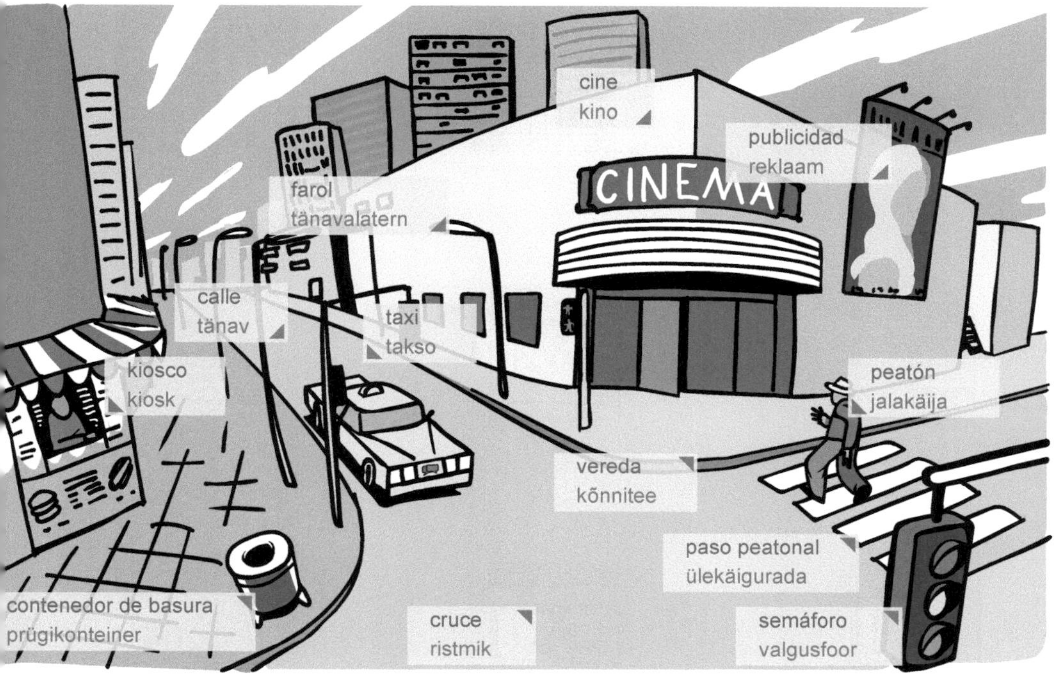
cine
kino
publicidad
reklaam
CINEMA
farol
tänavalatern
calle
tänav
taxi
takso
kiosco
kiosk
peatón
jalakäija
vereda
kõnnitee
paso peatonal
ülekäigurada
contenedor de basura
prügikonteiner
cruce
ristmik
semáforo
valgusfoor

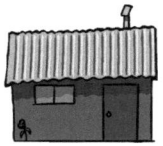

cabaña

osmik

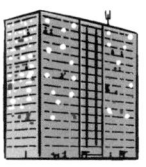

departamento

kortermaja

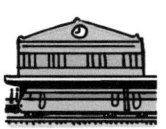

estación de tren

raudteejaam

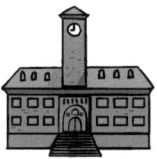

municipalidad

raekoda

MUSEUM

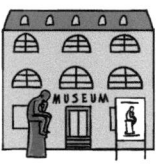

museo

muuseum

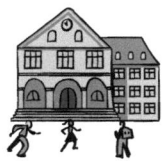

colegio

kool

universidad

ülikool

banco

pank

hospital

haigla

hotel

hotell

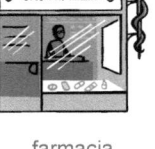

farmacia

apteek

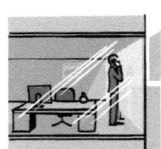

oficina

kontor

librería

raamatupood

negocio

kauplus

florería

lillepood

supermercado

supermarket

mercado

turg

grandes tiendas

kaubamaja

pescadería

kalapood

centro comercial

kaubanduskeskus

puerto

sadam

parque

park

banco

pink

puente

sild

escaleras

trepp

subte

metroo

túnel

tunnel

parada del colectivo

bussipeatus

bar

baar

restaurante

restoran

buzón

postkast

letrero

tänavasilt

parquímetro

parkimisautomaat

zoológico

loomaaed

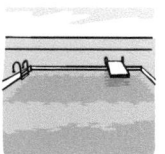

pileta

ujula

mezquita

mošee

granja
talu

contaminación
reostus

cementerio
surnuaed

iglesia
kirik

juegos infantiles
mänguväljak

templo
tempel

paisaje
maastik

hoja
leht

poste indicador
teeviit

camino
tee

pradera
aas

piedra
kivi

excursionista
matkaja

árbol
puu

río
jõgi

hierba
rohi

flor
lill

valle
org

montaña
mägi

lago
järv

bosque
mets

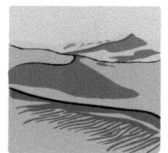

desierto
kõrb

volcán
vulkaan

castillo
linnus

arco iris
vikerkaar

champiñón
seen

palmera
palm

mosquito
sääsk

mosca
kärbes

hormiga
sipelgas

abeja
mesilane

araña
ämblik

escarabajo

mardikas

rana

konn

ardilla

orav

erizo

siil

liebre

jänes

lechuza

öökull

pájaro

lind

cisne

luik

jabalí

metssiga

ciervo

hirv

alce

põder

presa

pais

aerogenerador

tuuleturbiin

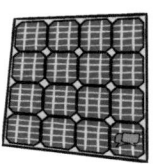

panel solar

päikesepaneel

clima

kliima

restaurante

restoran

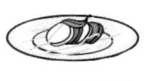

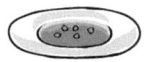

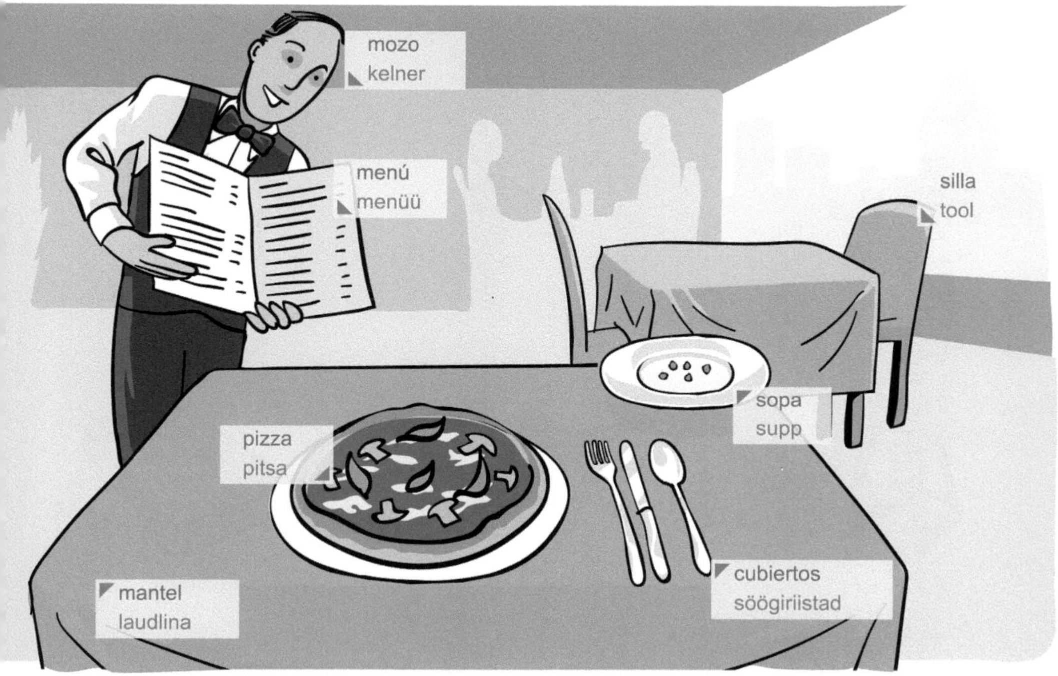
mozo
kelner
menú
menüü
silla
tool
sopa
supp
pizza
pitsa
mantel
laudlina
cubiertos
söögiriistad

entrada
eelroog

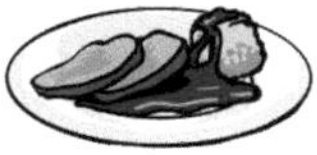

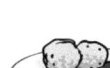

plato principal
pearoog

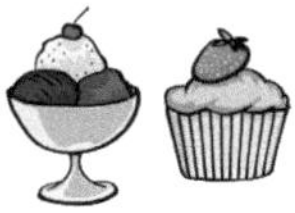

postre
magustoit

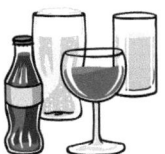

bebidas
joogid

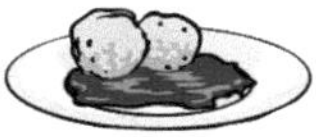

comida
toit

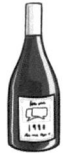

botella
pudel

comida rápida

kiirtoit

comida callejera

tänavatoit

tetera

teekann

azucarera

suhkrutoos

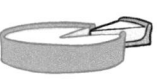

porción

portsjon

cafetera expreso

espressomasin

sillita alta

lastetool

cuenta

arve

bandeja

kandik

cuchillo

nuga

tenedor

kahvel

cuchara

lusikas

cucharita

teelusikas

servilleta

salvrätik

vaso

klaas

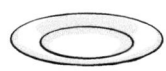

plato

taldrik

plato hondo

supitaldrik

plato

alustass

salsa

kaste

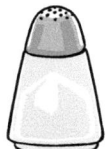

salero

soolatoos

molinillo de pimienta

pipraveski

vinagre

äädikas

aceite

õli

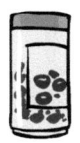

especias

vürtsid

kétchup

ketšup

mostaza

sinep

mayonesa

majonees

supermercado
supermarket

oferta especial
eripakkumine
FOR
cliente
klient
lácteos
piimatooted
fruta
puuviljad
changuito
ostukäru

BUTCHERS

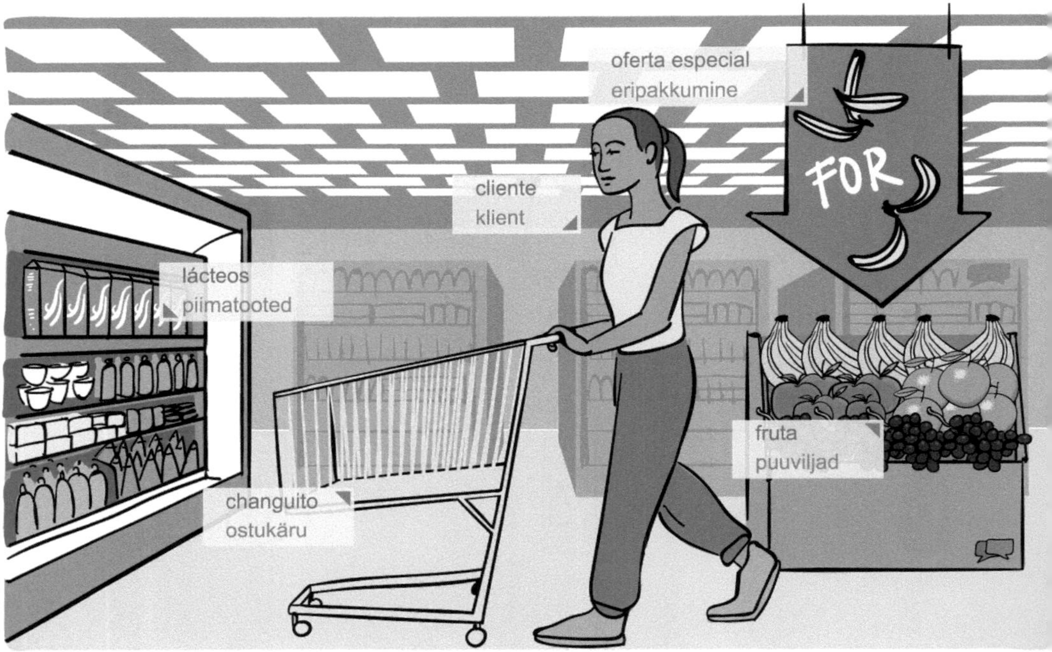

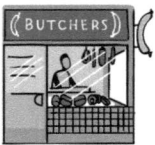

carnicería

lihapood

BAKERY

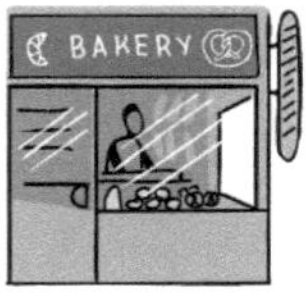

panadería

pagariäri

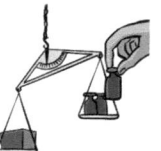

pesar

kaaluma

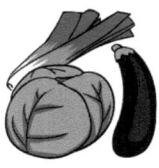

verduras

köögiviljad

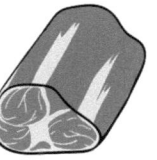

carne

liha

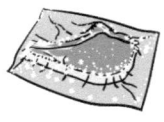

alimentos congelados

külmutatud toit

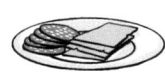

fiambres

lihalõigud

alimentos enlatados

konservid

detergente en polvo

pesupulber

golosinas

maiustused

electrodomésticos

majatarbed

productos de limpieza

puhastustooted

vendedora

müüja

caja

kassaaparaat

cajero

kassapidaja

lista de compras

ostunimekiri

horario de atención

lahtiolekuajad

billetera

rahakott

tarjeta de crédito

krediitkaart

cartera

kott

bolsa de plástico

kilekott

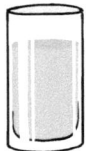

agua

vesi

jugo

mahl

leche

piim

bebida cola

koola

vino

vein

cerveza

õlu

alcohol

alkohol

cacao

kakao

té

tee

café

kohv

café expreso

espresso

cappuccino

cappuccino

banana

banaan

manzana

õun

naranja

apelsin

melón

arbuus

limón

sidrun

zanahoria

porgand

ajo

küüslauk

bambú

bambus

cebolla

sibul

champiñón

seen

nueces

pähklid

fideos

nuudlid

tallarines

spagetid

arroz

riis

ensalada

salat

papas fritas

friikartulid

papas fritas

praekartulid

pizza

pitsa

hamburguesa

hamburger

sándwich

võileib

churrasco

šnitsel

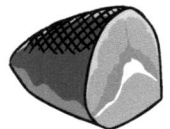

jamón

sink

salame

salaami

salchicha

vorst

pollo

kana

asado

praeliha

pescado

kala

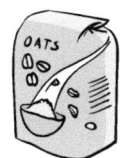

copos de avena

kaerahelbed

muesli

müsli

copos de maíz

maisihelbed

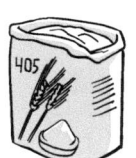

harina

jahu

medialuna

sarvesai

pancito

kukkel

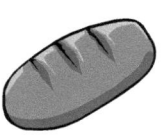

pan

leib

tostada

röstsai

galletitas

küpsised

manteca

või

cuajada

kohupiim

torta

kook

huevo

muna

huevo frito

praemuna

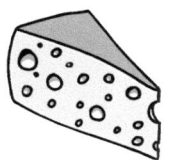

queso

juust

helado

jäätis

azúcar

suhkur

miel

mesi

mermelada

moos

pasta de chocolate

pähklivõie

curry

karri

comida - toit

granja
talu

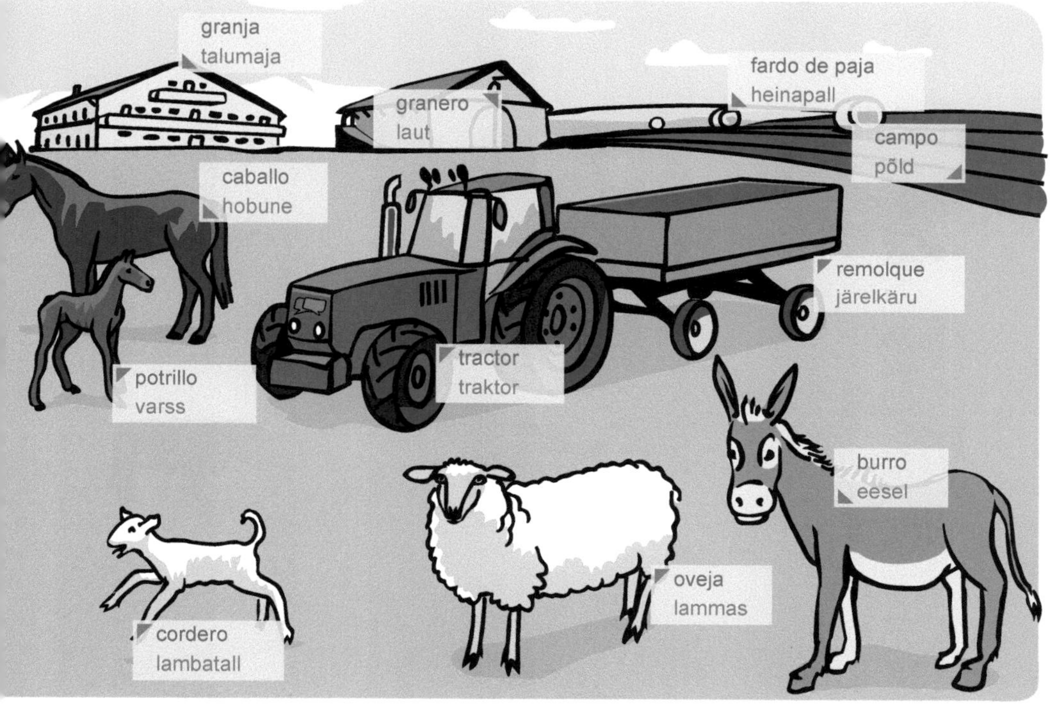
granja
talumaja
granero
laut
fardo de paja
heinapall
campo
põld
caballo
hobune
remolque
järelkäru
tractor
traktor
potrillo
varss
burro
eesel
oveja
lammas
cordero
lambatall

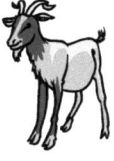

cabra
kits

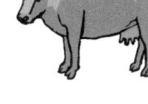

vaca
lehm

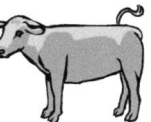

ternero
vasikas

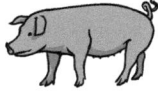

cerdo
siga

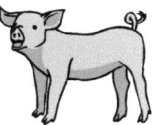

lechón
põrsas

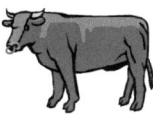

toro
pull

ganso

hani

pato

part

pollo

tibu

gallina

kana

gallo

kukk

rata

rott

gato

kass

ratón

hiir

buey

härg

perro

koer

cucha

koerakuut

manguera

aiavoolik

regadera

kastekann

guadaña

vikat

arado

ader

hoz

sirp

azada

kõblas

horquilla

hang

hacha

kirves

carretilla

käru

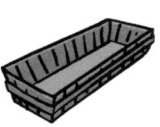

abrevadero

küna

lechera

piimanõu

bolsa

kott

reja

tara

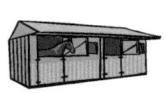

establo

tall

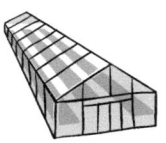

invernadero

kasvuhoone

suelo

muld

semilla

seeme

fertilizador

väetis

cosechadora

kombain

cosechar

saaki koristama

cosecha

saagikoristus

batatas

jamss

trigo

nisu

soja

soja

papa

kartul

maíz

mais

semilla de colza

raps

árbol frutal

viljapuu

mandioca

maniokk

cereales

teravili

casa

maja

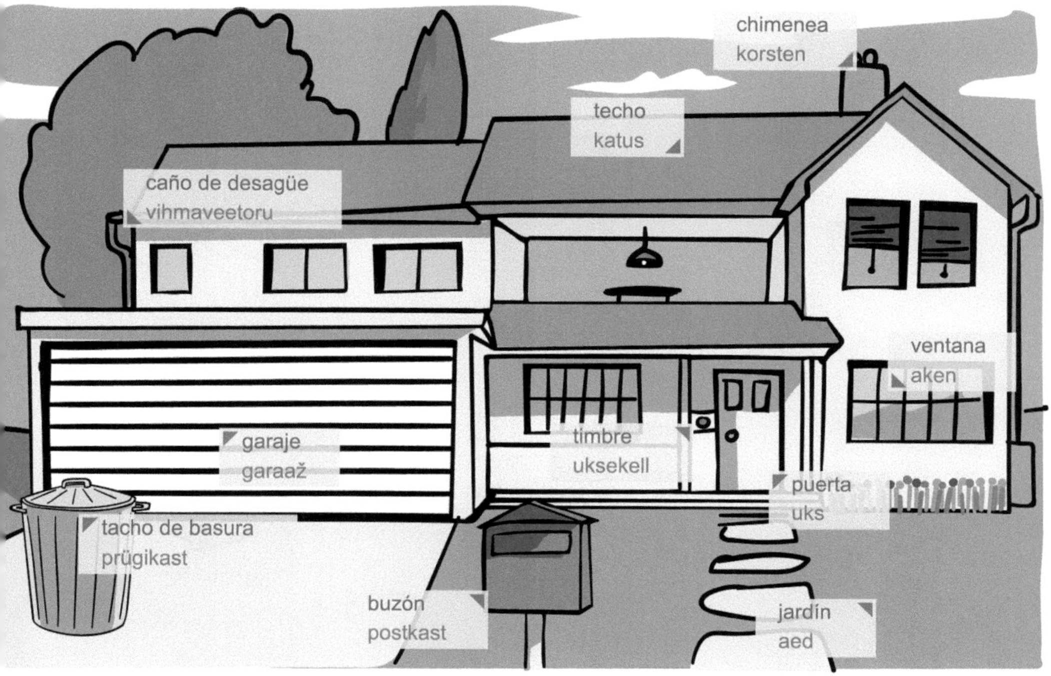
chimenea
korsten
techo
katus
caño de desagüe
vihmaveetoru
ventana
aken
garaje
garaaž
timbre
uksekell
puerta
uks
tacho de basura
prügikast
buzón
postkast
jardín
aed

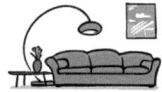

living

elutuba

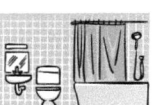

baño

vannituba

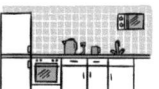

cocina

köök

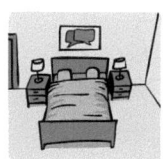

dormitorio

magamistuba

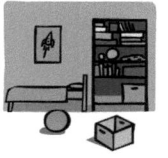

cuarto de los chicos

lastetuba

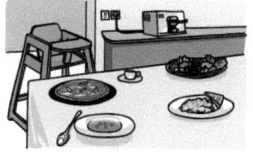

comedor

söögituba

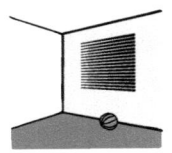

piso

põrand

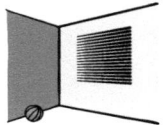

pared

sein

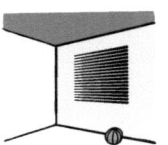

cielorraso

lagi

sótano

kelder

sauna

saun

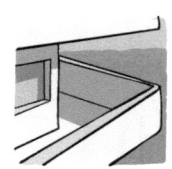

balcón

rõdu

terraza

terrass

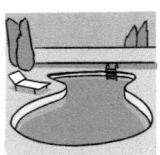

pileta

bassein

cortadora de pasto

muruniiduk

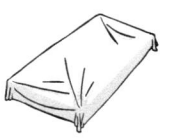

sábana

voodilina

acolchado

päevatekk

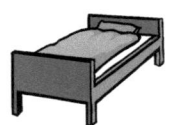

cama

voodi

escoba

luud

balde

ämber

interruptor

lüliti

living
elutuba

empapelado
tapeet
imagen
pilt
lámpara
lamp
estante
riiul
armario
kapp
televisión
televiisor
chimenea
kamin
flor
lill
almohadón
padi
sofá
diivan
florero
vaas
control remoto
kaugjuhtimispult

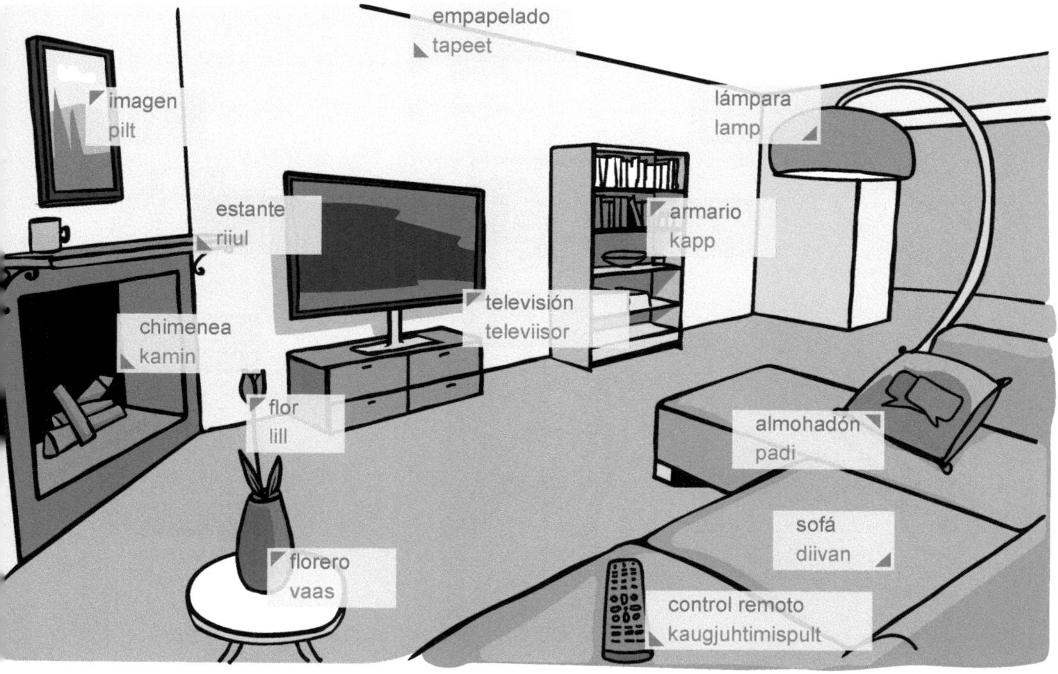

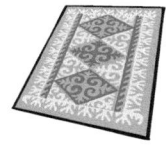

alfombra

vaip

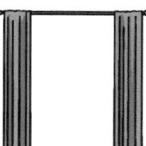

cortina

kardin

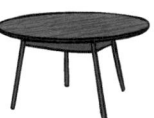

mesa

laud

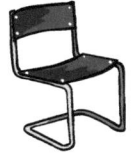

silla

tool

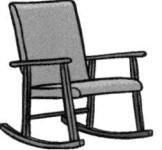

mecedora

kiiktool

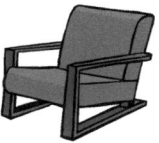

sillón

tugitool

libro
raamat

frazada
tekk

decoración
kaunistus

leña
küttepuud

película
film

equipo de música
helisüsteem

llave
võti

diario
ajaleht

pintura
maal

póster
plakat

radio
raadio

cuaderno
märkmik

aspiradora
tolmuimeja

cactus
kaktus

vela
küünal

cocina
köök

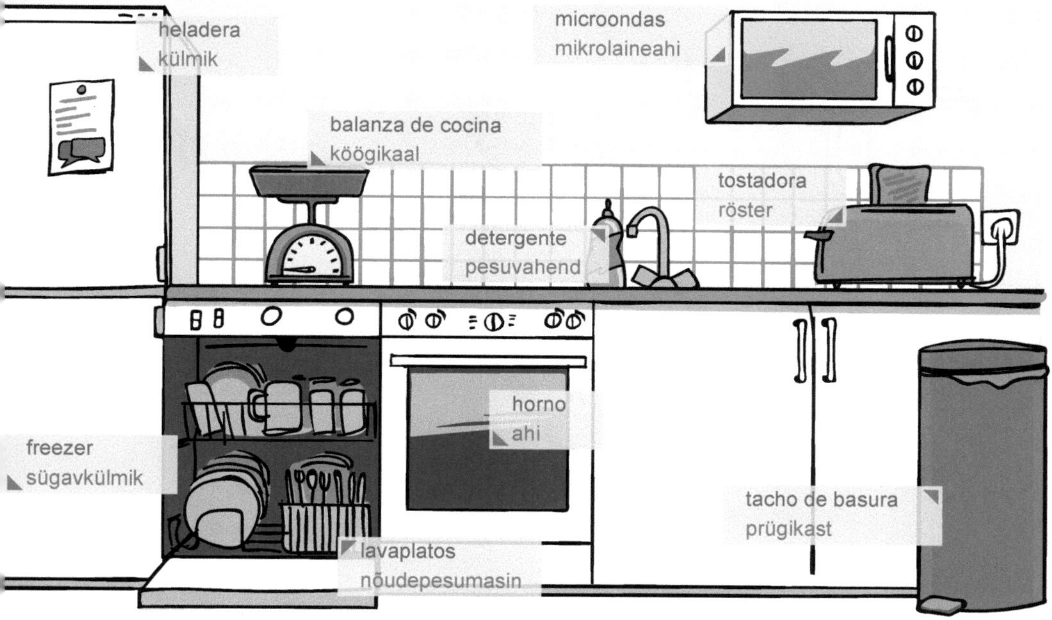
heladera
külmik
microondas
mikrolaineahi
balanza de cocina
köögikaal
tostadora
röster
detergente
pesuvahend
horno
ahi
freezer
sügavkülmik
tacho de basura
prügikast
lavaplatos
nõudepesumasin

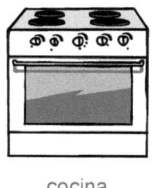

cocina
pliit

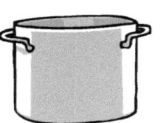

olla
pott

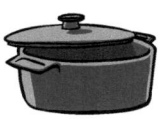

olla de hierro fundido
malmpott

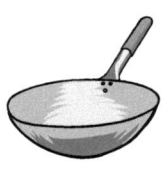

wok
vokkpann

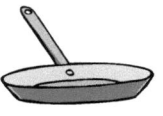

sartén
pann

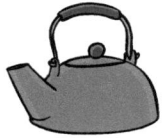

pava
veekeetja

vaporera

aurutaja

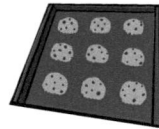

bandeja de horno

küpsetusplaat

vajilla

lauanõud

taza

kruus

bol

kauss

palitos

söögipulgad

cucharón

kulp

estpátula

pannilabidas

batidora

vispel

colador

kurn

colador

sõel

rallador

riiv

mortero

uhmer

parrilla

grill

fogata

lahtine tuli

tabla de picar
lõikelaud

palo de amasar
tainarull

sacacorchos
korgitser

lata
konservipurk

abrelatas
konserviavaja

manopla
pajakinnas

pileta
kraanikauss

cepillo
hari

esponja
pesukäsn

batidora
kannmikser

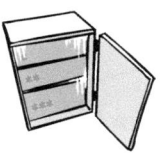

congelador
sügavkülmuti

mamadera
lutipudel

canilla
segisti

baño

vannituba

calefacción
küte
toalla
käterätik
ducha
dušš
cortina de ducha
dušikardin
baño de espuma
mullivann
bañadera
vann
vaso
klaas
lavarropas
pesumasin
canilla
segisti
baldosas
plaadid
pelela
pissipott
pileta
kraanikauss

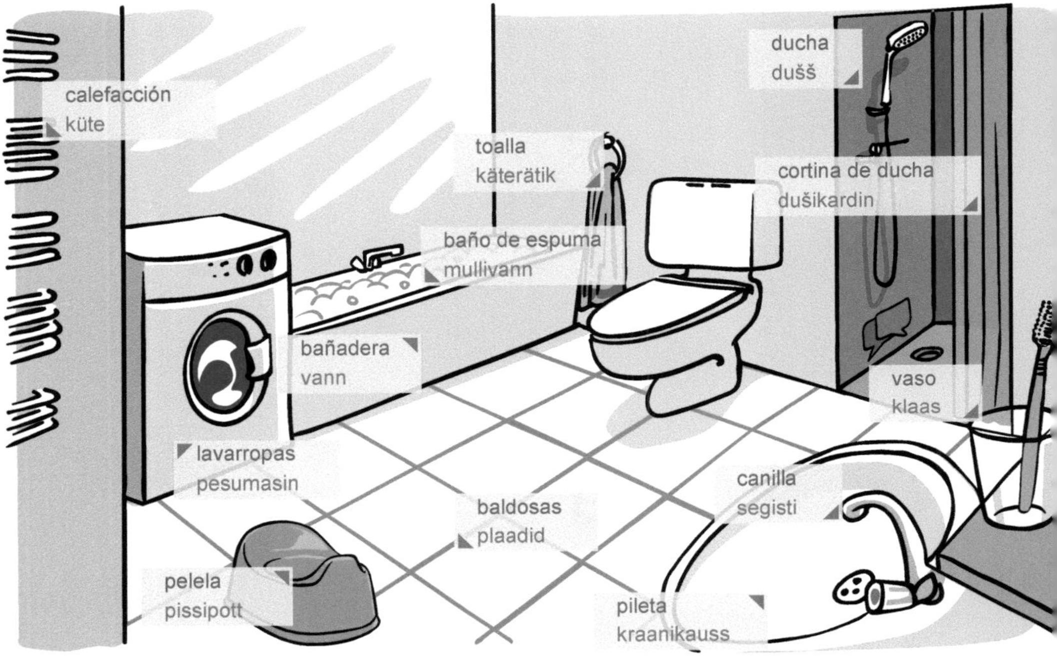

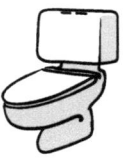

inodoro

WC-pott

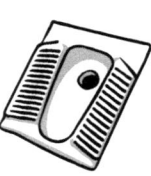

letrina

kükitamistualett

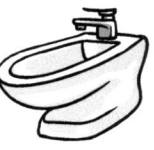

bidé

bidee

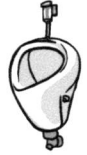

mingitorio

pissuaar

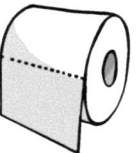

papel higiénico

tualettpaber

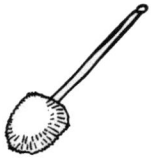

cepillo para el inodoro

WC-hari

cepillo de dientes

hambahari

dentífrico

hambapasta

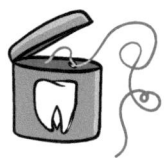

hilo dental

hambaniit

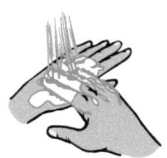

lavar

pesema

ducha de mano

käsidušš

ducha higiénica

intiimdušš

palangana

pesukauss

cepillo para espalda

seljahari

jabón

seep

gel de ducha

dušigeel

shampoo

šampoon

toallita

vamm

desagüe

äravool

crema

kreem

desodorante

deodorant

espejo

peegel

espejito

käsipeegel

maquinita de afeitar

habemenuga

espuma de afeitar

raseerimisvaht

aftershave

habemevesi

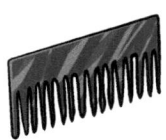

peine

kamm

cepillo

hari

secador de pelo

föön

spray

juukselakk

maquillaje

meigikomplekt

lápiz de labios

huulepulk

esmalte para uñas

küünelakk

algodón

vatt

tijera para uñas

küünekäärid

perfume

parfüüm

portacosméticos

tualett-tarvete kott

banqueta

taburet

balanza

kaal

bata

hommikumantel

guantes de goma

kummikindad

tampón

tampoon

toallita femenina

hügieeniside

baño químico

keemiline tualett

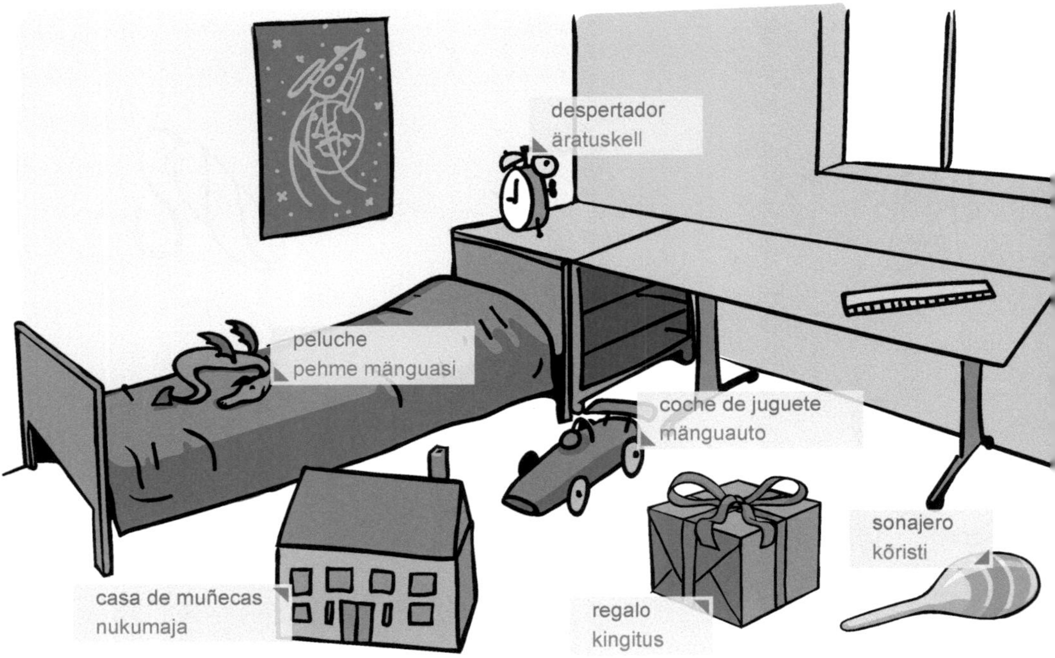

despertador
äratuskell
peluche
pehme mänguasi
coche de juguete
mänguauto
sonajero
kõristi
casa de muñecas
nukumaja
regalo
kingitus

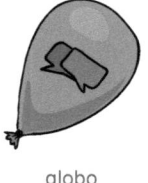

globo

õhupall

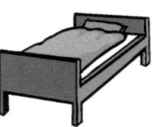

cama

voodi

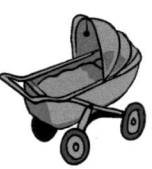

cochecito

lapsevanker

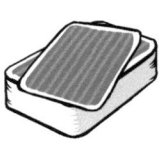

cartas

kaardipakk

rompecabezas

pusle

SUPER
MEGA

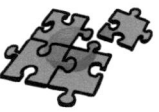

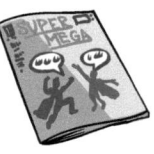

historieta

koomiks

piezas de lego

Lego klotsid

ladrillos de juguete

klotsid

figura de acción

kujuke

enterito (de bebé)

siputuspüksid

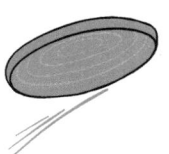

frisbee

lendav taldrik

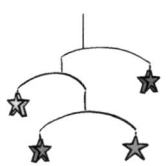

móvil para bebés

voodikarussell

juego de mesa

lauamäng

dados

täringud

tren eléctrico

mudelrong

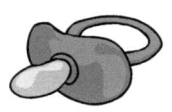

chupete

lutt

fiesta

pidu

libro de cuentos ilustrado

pildiraamat

pelota

pall

muñeca

nukk

jugar

mängima

arenero

liivakast

hamaca

kiik

juguetes

mänguasjad

consola de videojuegos

mängukonsool

triciclo

kolmerattaline jalgratas

osito de peluche

mängukaru

armario

riidekapp

ropa

riietus

medias

sokid

medias panty

sukad

calzas

sukkpüksid

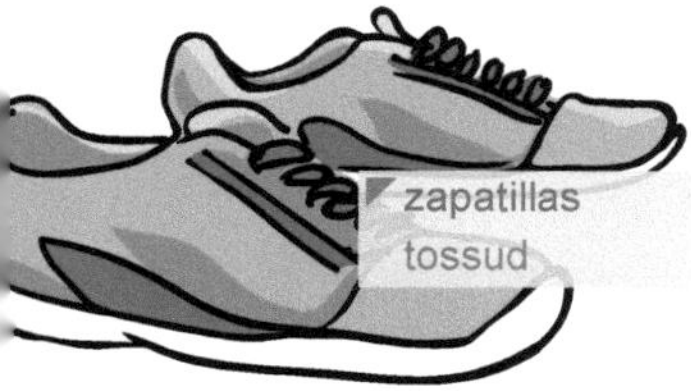

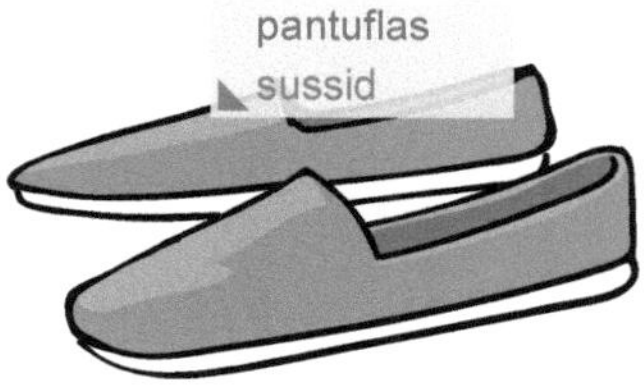

bufanda
sall

paraguas
vihmavari

cinturón
vöö

remera
T-särk

botas
saapad

pantuflas
sussid

zapatillas
tossud

sandalias

sandaalid

zapatos

jalatsid

botas de goma

kummikud

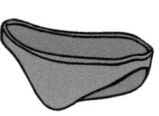

ropa interior

aluspüksid

corpiño

rinnahoidja

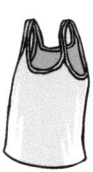

chaleco

vest

body
bodi

pantalones
püksid

jeans
teksapüksid

pollera
seelik

blusa
pluus

camisa
särk

pulóver
sviiter

buzo
dressipluus

blazer
bleiser

campera
jakk

tapado
mantel

piloto
vihmamantel

traje
kostüüm

vestido
kleit

vestido de novia
pulmakleit

traje
ülikond

camisón
öösärk

pijama
pidžaama

sari
sari

pañuelo para cabeza
pearätt

turbante
turban

burka
burka

caftán
kaftan

abaya
abayah

traje de baño
ujumistrikoo

short de baño
ujumispüksid

shorts
lühikesed püksid

jogging
dressid

delantal
põll

guantes
kindad

botón

nööp

anteojos

prillid

pulsera

käevõru

collar

kaelakee

anillo

sõrmus

aro

kõrvarõngas

gorra

nokamüts

percha

riidepuu

sombrero

kaabu

corbata

lips

cierre

tõmblukk

casco

kiiver

tiradores

traksid

uniforme escolar

koolivorm

uniforme

vormirõivad

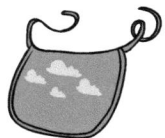

babero

pudipõll

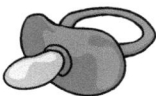

chupete

lutt

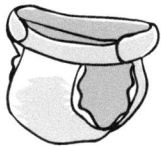

pañal

mähe

oficina
kontor

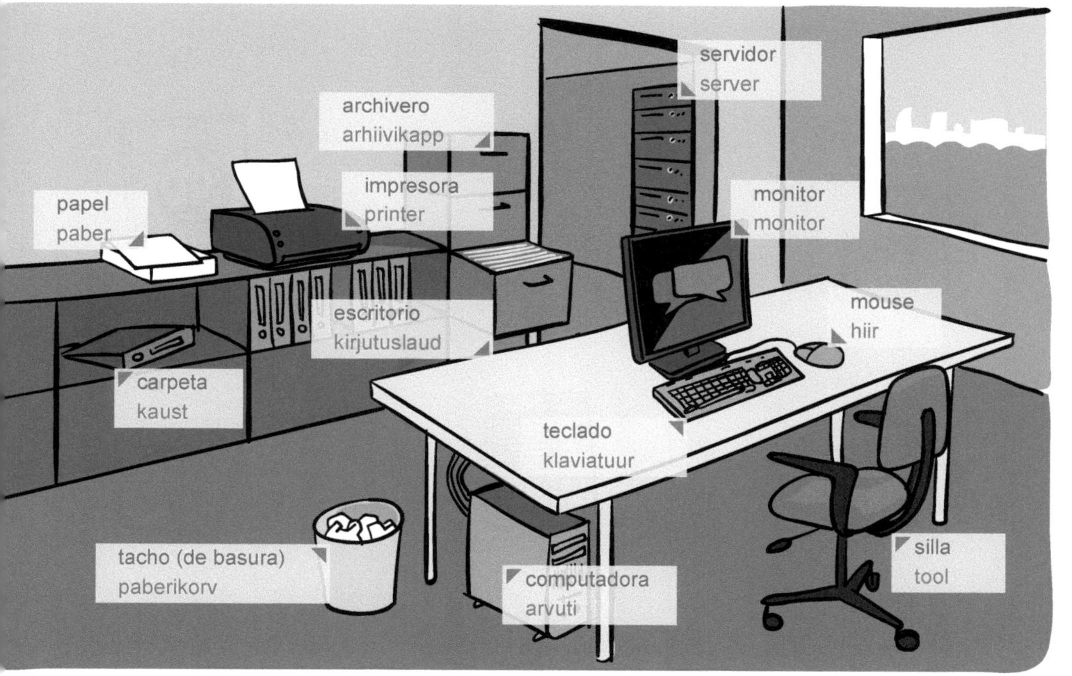

servidor
server
archivero
arhiivikapp
impresora
printer
papel
paber
monitor
monitor
escritorio
kirjutuslaud
mouse
hiir
carpeta
kaust
teclado
klaviatuur
tacho (de basura)
paberikorv
computadora
arvuti
silla
tool

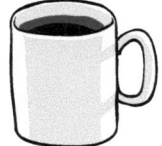

taza de café

kohvikruus

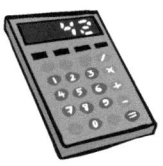

calculadora

kalkulaator

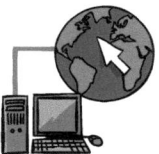

internet

internet

laptop

sülearvuti

carta

kiri

mensaje

sõnum

celular

mobiiltelefon

red

võrk

fotocopiadora

koopiamasin

software

tarkvara

teléfono

telefon

tomacorriente

pistikupesa

fax

faksimasin

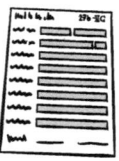

formulario

vorm

documento

dokument

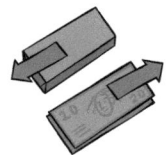

comprar
ostma

pagar
maksma

hacer negocios
vahetama

dinero
raha

dólar
dollar

euro
euro

yen
jeen

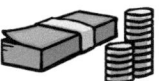

rublo
rubla

franco suizo
Šveitsi frank

yuan
renminbi jüaan

rupia
ruupia

cajero automático
sularahaautomaat

casa de cambio

valuutavahetuspunkt

oro

kuld

plata

hõbe

petróleo

nafta

energía

energia

precio

hind

contrato

leping

impuesto

maks

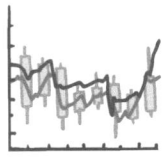

acción

aktsia

trabajar

töötama

empleado

töötaja

empleador

tööandja

fábrica

tehas

negocio

kauplus

policía
politseinik

bombero
tuletõrjuja

piloto
piloot

cocinero
kokk

médico
arst

jardinero
aednik

carpintero
puusepp

modista
õmbleja

juez
kohtunik

farmacéutico
keemik

actor
näitleja

colectivero

bussijuht

taxista

taksojuht

pescador

kalamees

mucama

koristaja

techista

katusepaigaldaja

mozo

kelner

cazador

jahimees

pintor

maaler

panadero

pagar

electricista

elektrik

albañil

ehitaja

ingeniero

insener

carnicero

lihunik

plomero

torumees

cartero

postiljon

soldado

sõdur

arquitecto

arhitekt

cajero

kassapidaja

florista

lillemüüja

peluquero

juuksur

cobrador

piletikontrolör

mecánico

mehaanik

capitán

kapten

dentista

hambaarst

científico

teadlane

rabino

rabi

imán

imaam

monje

munk

sacerdote

preester

herramientas
tööriistad

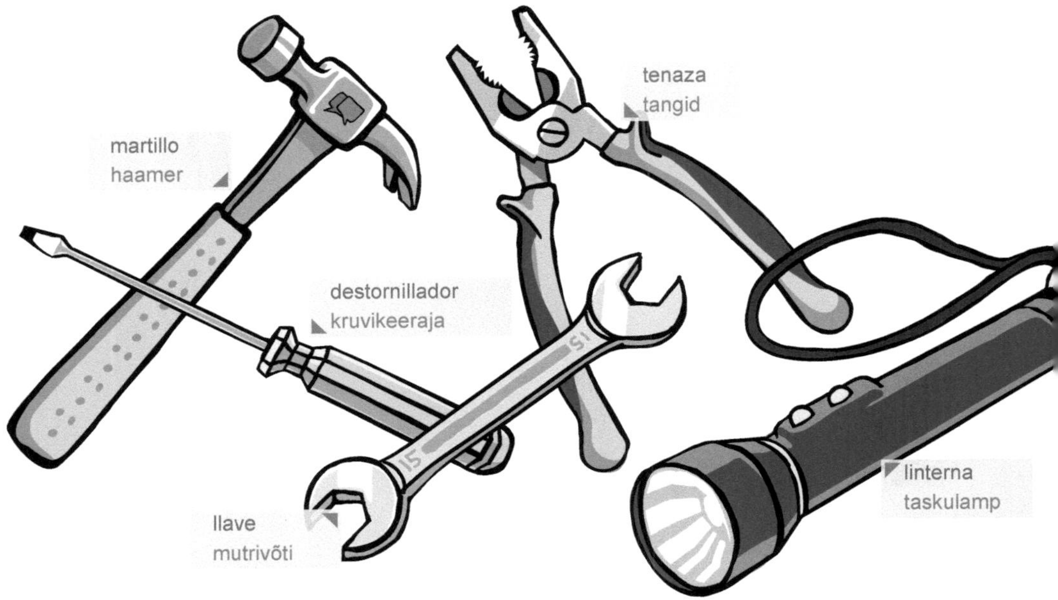

martillo
haamer
tenaza
tangid
destornillador
kruvikeeraja
llave
mutrivõti
linterna
taskulamp

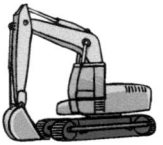

excavadora

ekskavaator

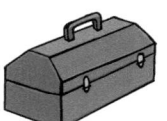

caja de herramientas

tööriistakast

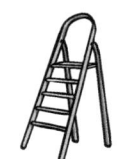

escalera portátil

redel

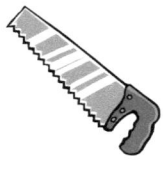

sierra

saag

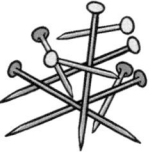

clavos

naelad

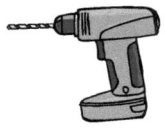

taladro

trell

arreglar

parandama

pala de jardín

labidas

¡Qué bronca!

Põrgusse!

pala de plástico

kühvel

tacho de pintura

värvipott

tornillos

kruvid

instrumentos musicales
pillid

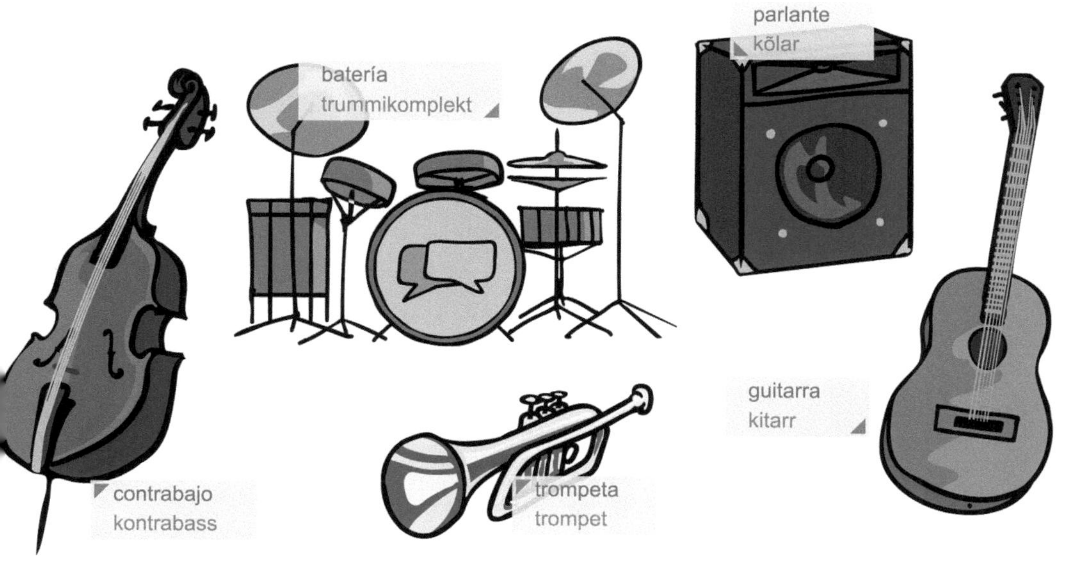

batería
trummikomplekt

parlante
kõlar

guitarra
kitarr

contrabajo
kontrabass

trompeta
trompet

piano

klaver

violín

viiul

bajo

bass

timbales

timpan

tambor

trummid

teclado

süntesaator

saxofón

saksofon

flauta

flööt

micrófono

mikrofon

zoológico

loomaaed

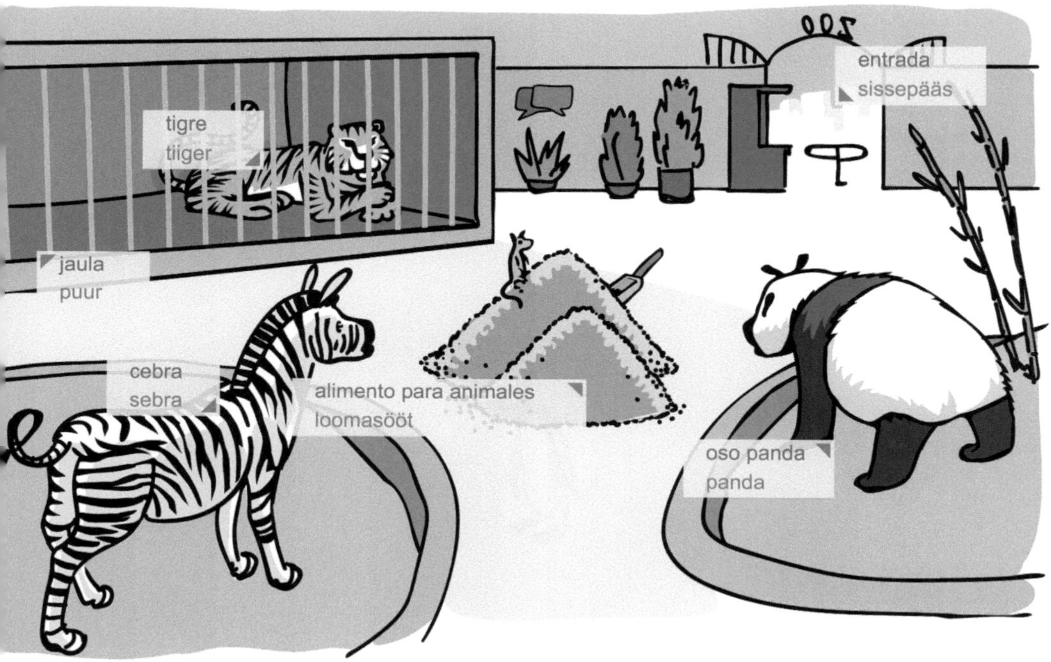

entrada
sissepääs
tigre
tiiger
jaula
puur
cebra
sebra
alimento para animales
loomasööt
oso panda
panda

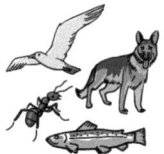

animales

loomad

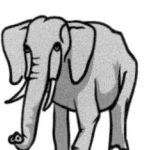

elefante

elevant

canguro

känguru

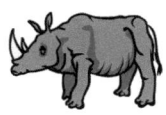

rinoceronte

ninasarvik

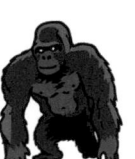

gorila

gorilla

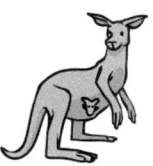

oso

karu

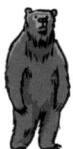

camello

kaamel

avestruz

jaanalind

león

lõvi

mono

ahv

flamenco

flamingo

loro

papagoi

oso polar

jääkaru

pingüino

pingviin

tiburón

hai

pavo real

paabulind

serpiente

madu

cocodrilo

krokodill

cuidador del zoológico

loomaaiatalitaja

foca

hüljes

jaguar

jaaguar

poni

poni

leopardo

leopard

hipopótamo

jõehobu

jirafa

kaelkirjak

águila

kotkas

jabalí

metssiga

pescado

kala

tortuga

kilpkonn

morsa

morsk

zorro

rebane

gacela

gasell

fútbol americano
Ameerika jalgpall

ciclismo
jalgrattasõit

tenis
tennis

básquet
korvpall

natación
ujumine

hockey sobre hielo
jäähoki

boxeo
poksimine

fútbol
jalgpall

bádminton
sulgpall

atletismo
kergejõustik

handball
käsipall

esquí
suusatamine

polo
polo

reír
naerma

saltar
hüppama

abrazar
kallistama

caminar
jalutama

cantar
laulma

soñar
unistama

rezar
palvetama

besar
suudlema

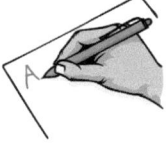

escribir
kirjutama

dibujar
joonistama

mostrar
näitama

presionar
lükkama

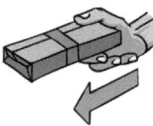

dar
andma

tomar
võtma

tener

omama

hacer

tegema

ser

olema

estar parado

seisma

correr

jooksma

tirar

tõmbama

tirar

viskama

caer

kukkuma

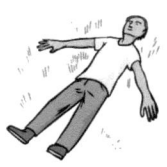

estar acostado

lamama

esperar

ootama

llevar

kandma

estar sentado

istuma

vestirse

riidesse panema

dormir

magama

despertar

ärkama

mirar

vaatama

llorar

nutma

acariciar

paitama

peinar

kammima

hablar

rääkima

entender

aru saama

preguntar

küsima

escuchar

kuulama

beber

jooma

comer

sööma

ordenar

korrastama

amar

armastama

cocinar

süüa tegema

manejar

sõitma

volar

lendama

navegar

purjetama

calcular

arvutama

leer

lugema

aprender

õppima

trabajar

töötama

casarse

abielluma

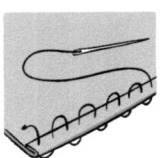

coser

õmblema

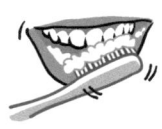

cepillarse los dientes

hambaid pesema

matar

tapma

fumar

suitsetama

enviar

saatma

familia
perekond

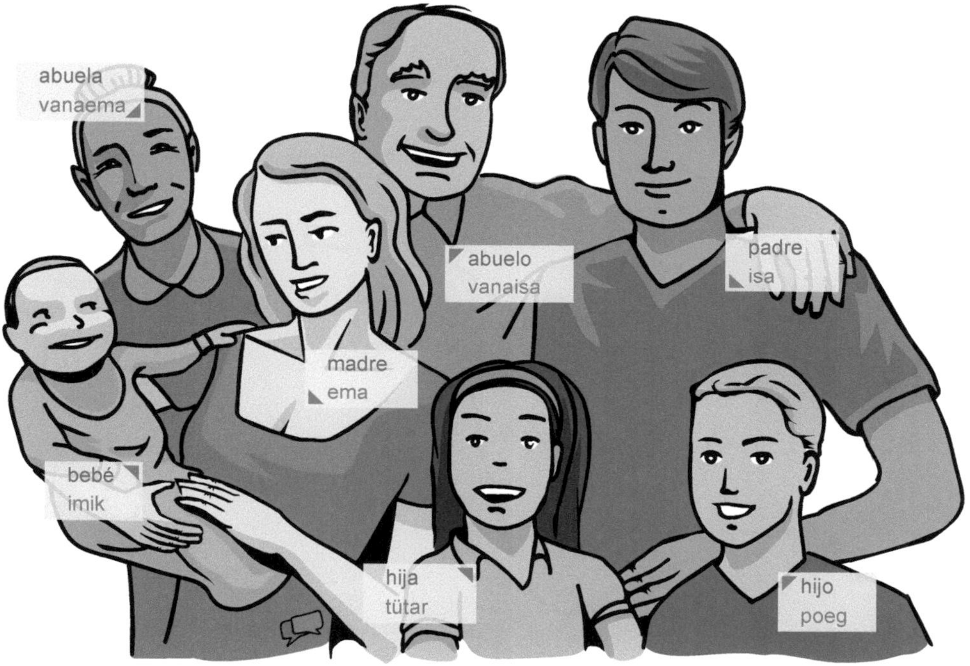
abuela
vanaema
abuelo
vanaisa
padre
isa
madre
ema
bebé
imik
hija
tütar
hijo
poeg

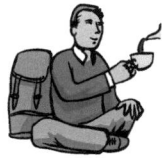

invitado
külaline

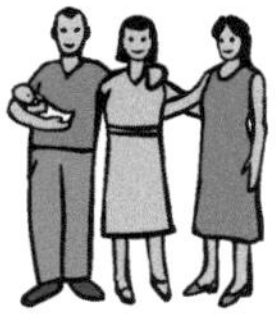
tía
tädi

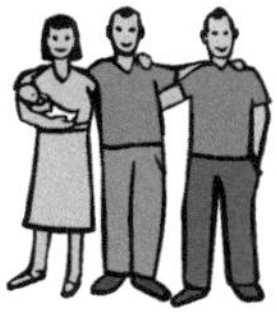
tío
onu

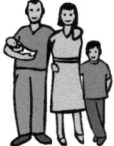

hermano
vend

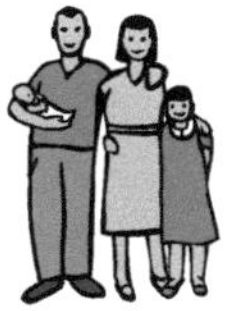
hermana
õde

cuerpo
keha

frente
otsmik
ojo
silm
cara
nägu
pera
lõug
pecho
rind
dedo
sõrm
mano
käsi
brazo
käsivars
hombro
õlg
pierna
jalg

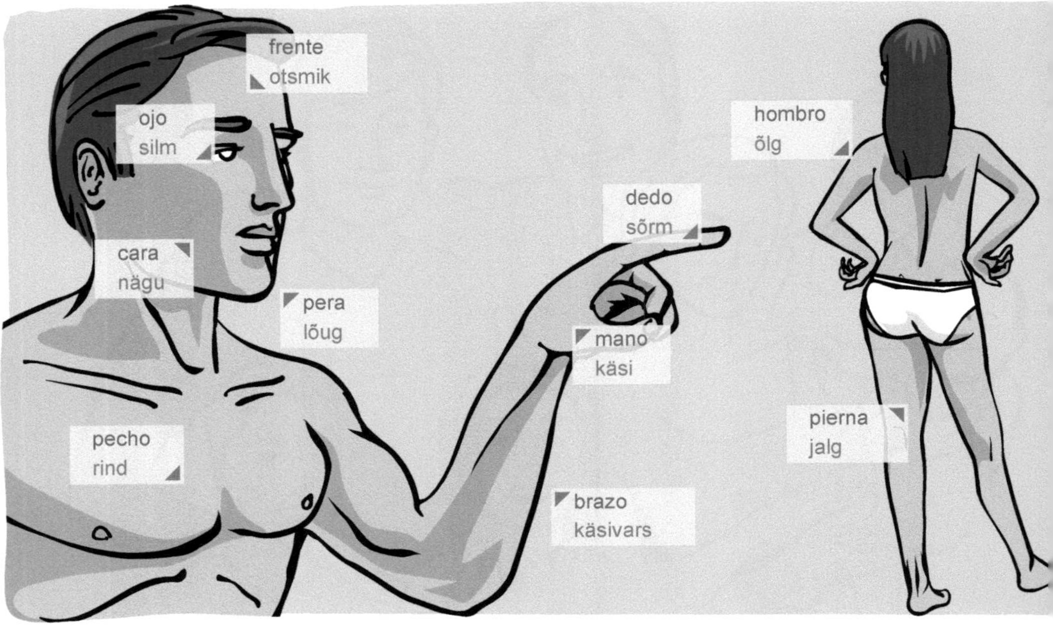

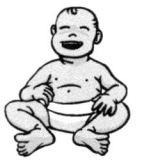

bebé

imik

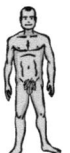

hombre

mees

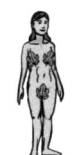

mujer

naine

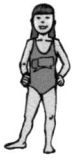

nena

tüdruk

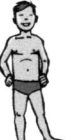

nene

poiss

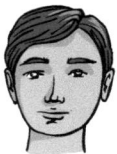

cabeza

pea

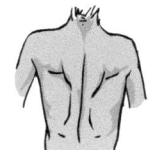

espalda

selg

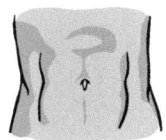

panza

kõht

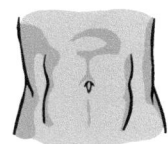

ombligo

naba

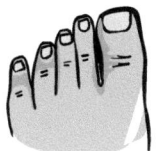

dedo del pie

varvas

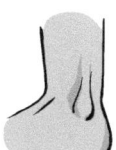

talón

kand

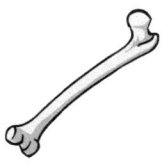

hueso

luu

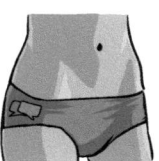

cadera

puus

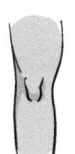

rodilla

põlv

codo

küünarnukk

nariz

nina

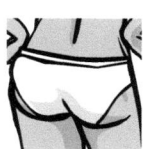

cola

tagumik

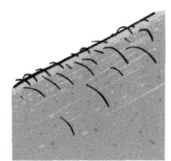

piel

nahk

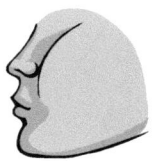

cachete

põsk

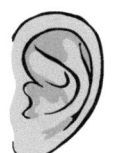

oreja

kõrv

labio

huuled

boca

suu

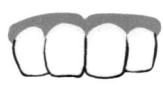

diente

hammas

lengua

keel

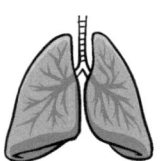

cerebro

aju

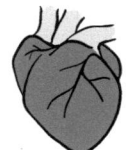

corazón

süda

músculo

lihas

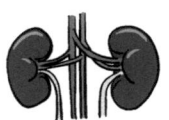

pulmón

kops

hígado

maks

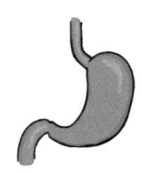

estómago

magu

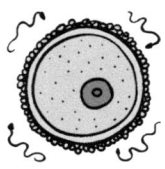

riñones

neerud

sexo

seksuaalvahekord

preservativo

kondoom

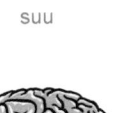

óvulo

munarakk

semen

sperma

embarazo

rasedus

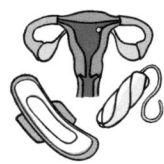

menstruación

menstruatsioon

vagina

vagiina

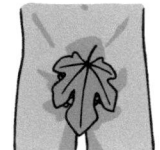

pene

peenis

ceja

kulm

pelo

juuksed

cuello

kael

hospital
haigla

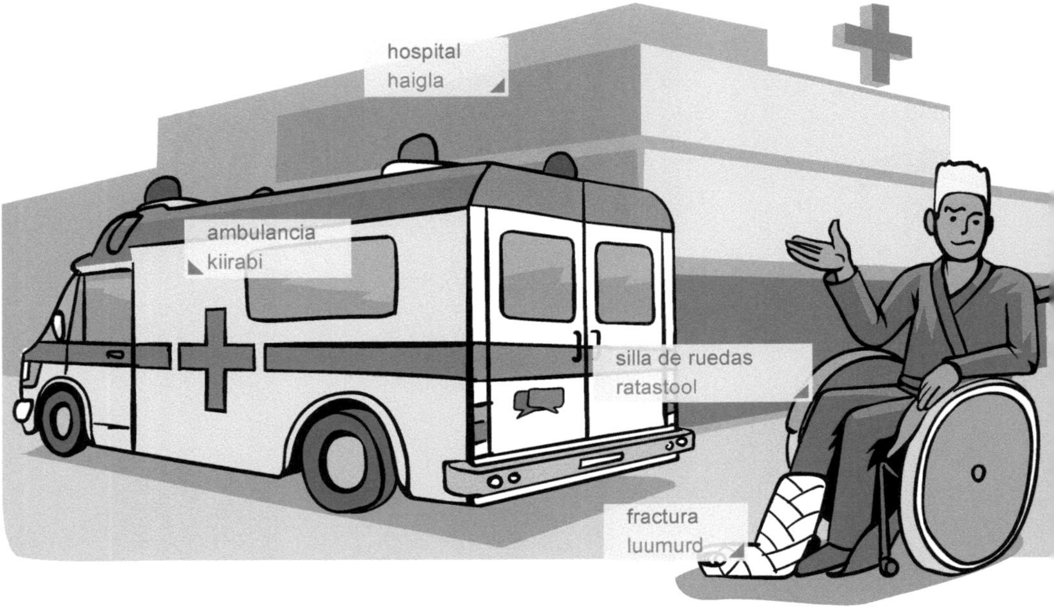

hospital
haigla
ambulancia
kiirabi
silla de ruedas
ratastool
fractura
luumurd

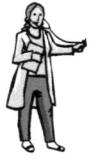

médico

arst

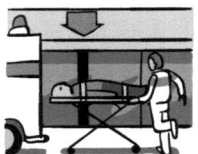

sala de guardia

traumapunkt

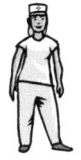

enfermera

meditsiiniõde

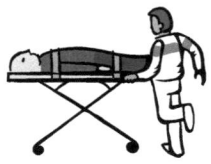

emergencia

hädaolukord

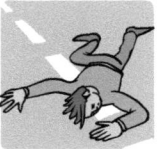

inconsciente

teadvuseta

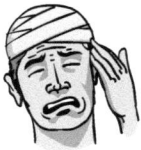

dolor

valu

lesión
....
vigastus

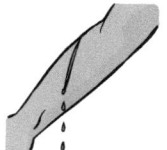

hemorragia
....
verejooks

infarto
....
südamerabandus

ACV
....
insult

alergia
....
allergia

tos
....
köha

fiebre
....
palavik

gripe
....
gripp

diarrea
....
kõhulahtisus

dolor de cabeza
....
peavalu

cáncer
....
vähk

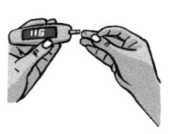

diabetes
....
diabeet

cirujano
....
kirurg

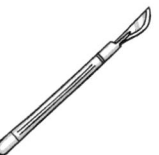

bisturí
....
skalpell

operación
....
operatsioon

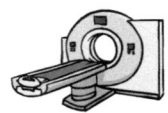

TC
KT

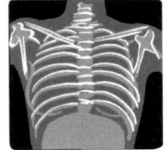

rayos x
röntgen

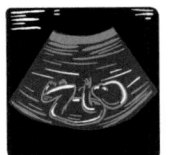

ecografía
ultraheli

barbijo
mask

enfermedad
haigus

sala de espera
ooteruum

muleta
kark

curita
kips

venda
side

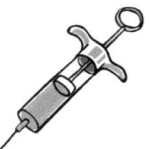

inyección
süst

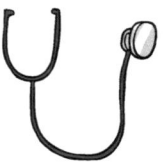

estetoscopio
stetoskoop

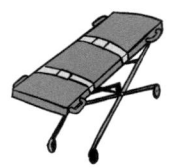

camilla
kanderaam

termómetro
kraadiklaas

nacimiento
sünd

sobrepeso
ülekaaluline

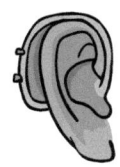

audífono
kuuldeaparaat

desinfectante
desinfektsioonivahend

infección
põletik

virus
viirus

VIH / SIDA
HIV / AIDS

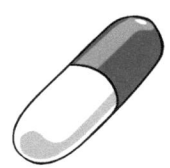

remedio
meditsiin

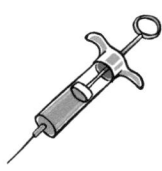

vacunación
vaktsineerimine

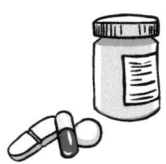

comprimidos
tabletid

pastilla anticonceptiva
pill

llamada de emergencia
hädaabikõne

tensiómetro
vererõhuaparaat

enfermo / sano
haige / terve

¡Ayuda!
Appi!

alarma
häire

agresión
kallaletung

ataque
rünnak

peligro
oht

salida de emergencia
avariiväljapääs

¡Fuego!
Tulekahju!

matafuego
tulekustuti

accidente
õnnetus

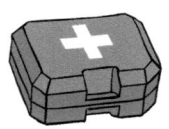

botiquín de primeros
auxilios
esmaabikomplekt

SOS
SOS

policía
politsei

Europa

Euroopa

América del Norte

Põhja-Ameerika

América del Sur

Lõuna-Ameerika

África

Aafrika

Asia

Aasia

Australia

Austraalia

Atlántico

Atlandi ookean

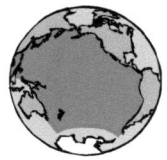

Pacífico

Vaikne ookean

Océano Índico

India ookean

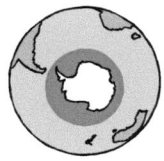

Océano Antártico

Lõuna-Jäämeri

Océano Ártico

Põhja-Jäämeri

polo norte

põhjapoolus

polo sur

lõunapoolus

Antártida

Antarktika

Tierra

Maa

tierra

maismaa

mar

meri

isla

saar

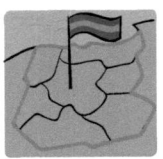

nación

rahvus

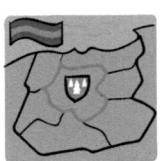

estado

riik

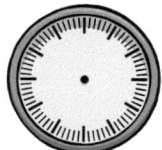

esfera

sihverplaat

manecilla de las horas

tunniosuti

minutero

minutiosuti

segundero

sekundiosuti

¿Qué hora es?

Mis kell on?

día

päev

hora

aeg

ahora

praegu

reloj digital

digitaalne kell

minuto

minut

hora

tund

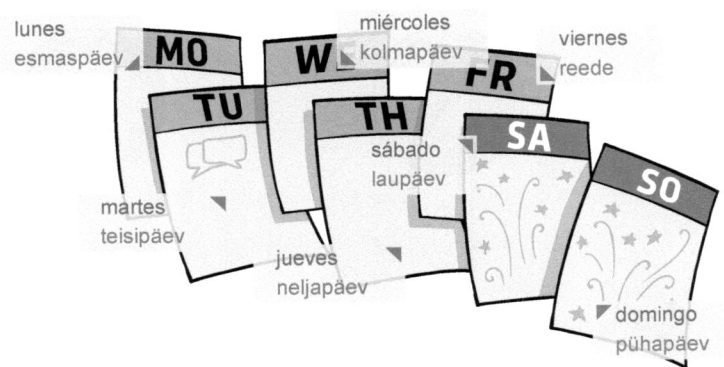

lunes
esmaspäev
miércoles
kolmapäev
viernes
reede
martes
teisipäev
jueves
neljapäev
sábado
laupäev
domingo
pühapäev

ayer
eile

hoy
täna

mañana
homme

mañana
hommik

mediodía
lõuna

tarde
õhtu

MO	TU	WE	TH	FR	SA	SU
1	2	3	4	5	6	7
8	9	10	11	12	13	14
15	16	17	18	19	20	21
22	23	24	25	26	27	28
29	30	31	1	2	3	4

días hábiles
tööpäevad

MO	TU	WE	TH	FR	SA	SU
1	2	3	4	5	6	7
8	9	10	11	12	13	14
15	16	17	18	19	20	21
22	23	24	25	26	27	28
29	30	31	1	2	3	4

fin de semana
nädalavahetus

lluvia
vihm

arco iris
vikerkaar

nieve
lumi

viento
tuul

primavera
kevad

otoño
sügis

verano
suvi

invierno
talv

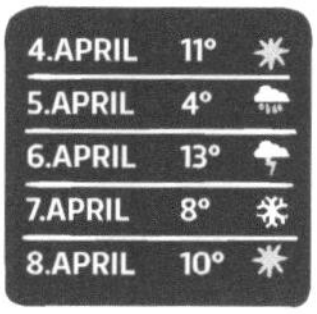

4.APRIL	11°	☀
5.APRIL	4°	☁
6.APRIL	13°	☁
7.APRIL	8°	❄
8.APRIL	10°	☀

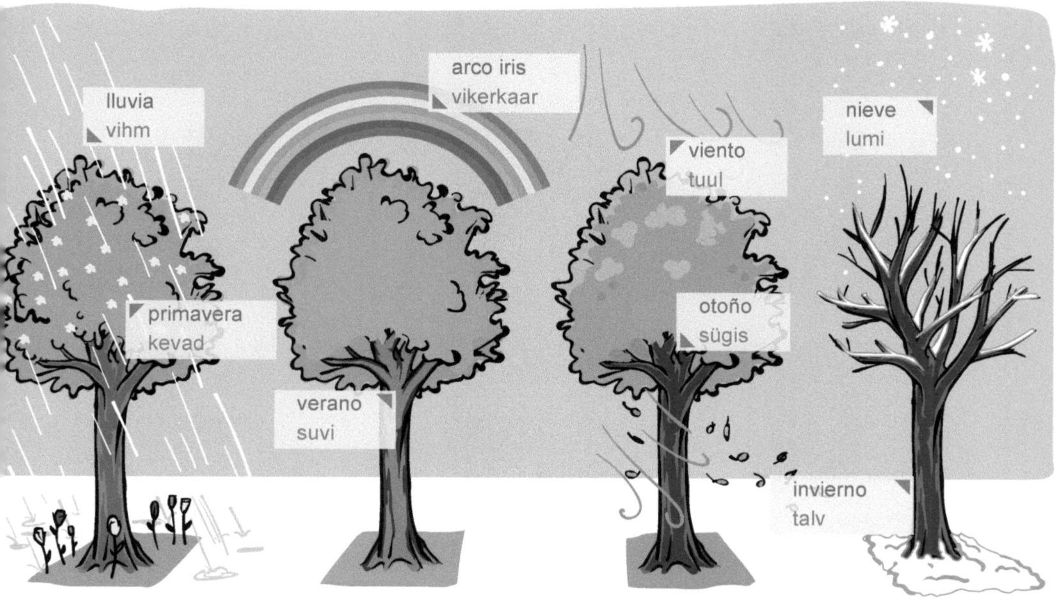

pronóstico meteorológico

ilmaennustus

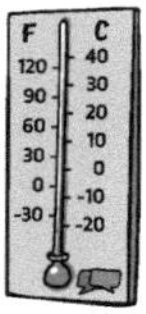

termómetro

termomeeter

luz del sol

päikesepaiste

nube

pilv

niebla

udu

humedad

niiskus

rayo

pikne

trueno

kõu

tormenta

torm

granizo

rahe

monzón

mussoon

inundación

üleujutus

hielo

jää

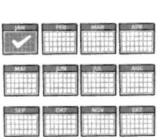

enero

jaanuar

febrero

veebruar

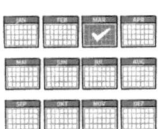

marzo

märts

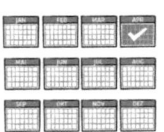

abril

aprill

mayo

mai

junio

juuni

julio

juuli

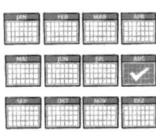

agosto

august

año - aasta

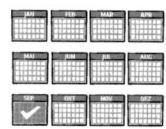

septiembre

september

octubre

oktoober

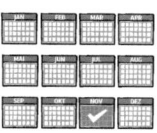

noviembre

november

diciembre

detsember

formas
kujundid

círculo

ring

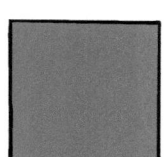

cuadrado

ruut

rectángulo

nelinurk

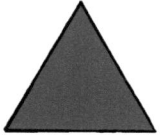

triángulo

kolmnurk

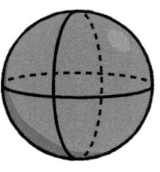

esfera

kera

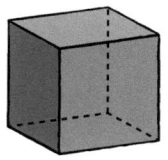

cubo

kuup

colores

värvid

blanco

valge

amarillo

kollane

naranja

oranž

rosa

roosa

rojo

punane

violeta

lilla

azul

sinine

verde

roheline

marrón

pruun

gris

hall

negro

must

mucho / poco

palju / vähe

enojado / tranquilo

vihane / rahulik

lindo / feo

ilus / inetu

principio / fin

algus / lõpp

grande / chico

suur / väike

claro / oscuro

hele / tume

hermano / hermana

vend / õde

limpio / sucio

puhas / must

completo / incompleto

täielik / puudulik

día / noche

päev / öö

muerto / vivo

surnud / elus

ancho / angosto

lai / kitsas

comestible / no comestible

söödav / mittesöödav

malo / amable

kuri / sõbralik

entusiasmado / aburrido

põnevil / tüdinud

gordo / flaco

paks / peenike

primero / último

esimene / viimane

amigo / enemigo

sõber / vaenlane

lleno / vacío

täis / tühi

duro / blando

kõva / pehme

pesado / liviano

raske / kerge

hambre / sed

nälg / janu

enfermo / sano

haige / terve

ilegal / legal

ebaseaduslik / seaduslik

inteligente / estúpido

tark / rumal

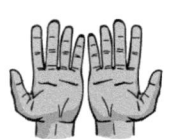

izquierda / derecha

vasak / parem

cerca / lejos

lähedal / kaugel

opuestos - vastandid

nuevo / usado

uus / kasutatud

nada / algo

mitte midagi / midagi

viejo / joven

vana / noor

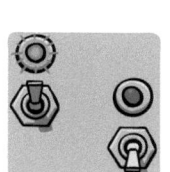

encendido / apagado

sees / väljas

abierto / cerrado

lahti / kinni

silencioso / ruidoso

vaikne / vali

rico / pobre

rikas / vaene

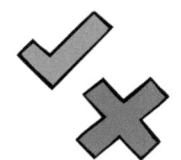

correcto / incorrecto

õige / vale

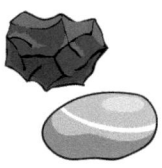

áspero / suave

kare / sile

triste / contento

kurb / rõõmus

corto / largo

lühike / pikk

lento / rápido

aeglane / kiire

mojado / seco

märg / kuiv

caliente / frío

soe / jahe

guerra / paz

sõda / rahu

0

cero

null

1

uno

üks

2

dos

kaks

3

tres

kolm

4

cuatro

neli

5

cinco

viis

6

seis

kuus

7

siete

seitse

8

ocho

kaheksa

9

nueve

üheksa

10

diez

kümme

11

once

üksteist

12
doce

kaksteist

13
trece

kolmteist

14
catorce

neliteist

15
quince

viisteist

16
dieciséis

kuusteist

17
diecisiete

seitseteist

18
dieciocho

kaheksateist

19
diecinueve

üheksateist

20
veinte

kakskümmend

100
cien

sada

1.000
mil

tuhat

1.000.000
millón

miljon

números - numbrid

inglés

inglise

inglés americano

Ameerika inglise

chino mandarín

mandariini

hindi

hindi

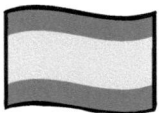

español

hispaania

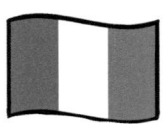

francés

prantsuse

árabe

araabia

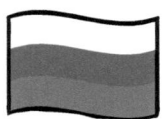

ruso

vene

portugués

portugali

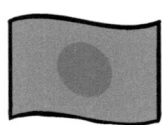

bengalí

bengali

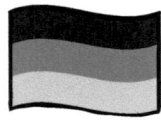

alemán

saksa

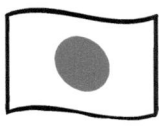

japonés

jaapani

yo

mina

vos

sina

él / ella

tema

nosotros

meie

ustedes

teie

ellos

nemad

¿quién?

kes?

¿qué?

mis?

¿cómo?

kuidas?

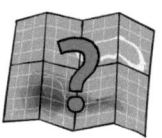

¿dónde?

kus?

¿cuándo?

millal?

nombre

nimi

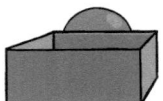

detrás

taga

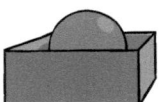

en

sees

adelante de

ees

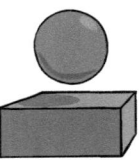

por encima de

kohal

sobre

peal

debajo de

all

al lado de

kõrval

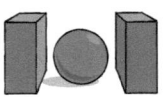

entre

vahel

lugar

koht